Marion Jana Goeritz

Jonas und die Himmelsleiter

Bibliografische Information der Deutschen Nationalbibliothek:

Die Deutsche Nationalbibliothek verzeichnet diese Publikation in der Deutschen Nationalbibliografie; detaillierte bibliografische Daten sind im Internet über http://dnb.dnb.de abrufbar.

Herstellung und Verlag: BoD – Books on Demand, Norderstedt

ISBN: 978-3-7448-5452-8

Endlich Sommer! Und wenn die Sonne lacht, kitzeln ihre Strahlen die Sommersprossen heraus. Das jedenfalls meint Oma Hella. Denn Sommersprossen, die hat Jonas zur Genüge, vor allem im Gesicht. Oma Hella sagt ja oft, dass die Jonas erst so richtig fesch ausschauen lassen. Doch Jonas hätte lieber keine davon, denn er glaubt dass Oma Hella nicht, das er durch die vielen Punkte fesch ausschaut. Jonas glaubt, er würde vielleicht besser aussehen, wenn er keine Sommersprossen hätte. Diese vielen Punkte im Gesicht, für was er die denn überhaupt bräuchte? Die sind doch für nichts zu gebrauchen. Oma sagt „Ein Mädchen ohne Sommersprossen ist wie ein Himmel ohne Sterne." Nur dass Jonas kein Mädchen ist. „Ich bin ein Junge! Hast du das vergessen, Oma?" fragt Jonas nach. Oma Hella lacht und antwortet ihm „Wie könnte ich das vergessen mein Junge? Nein! Aber auch Jungen sind hübsch, mit Sommersprossen. Du schaust so schön frech damit aus." Und wenn Oma Hella das sagt, weiß Jonas, jetzt würde sie ihn so gern knuddeln. Das kennt er schon.

Es ist Vormittag und Jonas liegt auf der grünen Wiese gleich hinter dem Haus. Er hat ein eigenes Zimmer, aber viel lieber ist er an der frischen Luft.

Wenn Jonas Ferien hat, dann ist er oft mit Freunden unterwegs. Nur in diesen Ferien, ist es etwas anders. Anton, sein bester Freund ist gerade mit seinen Eltern im Urlaub. Griechenland. Dort will er von einer Insel zur anderen hüpfen, so erzählte es jedenfalls Anton, doch Jonas lachte nur. Als ob Anton so lange Beine hätte, um von einer Insel zu anderen zu springen. Die anderen Freunde sind auch alle weg. Martin ist zur Oma gefahren, sie wohnt im Sauerland. Was haben sie schon über diesen Namen lachen müssen. Sauerland! Da haben die Leute wahrscheinlich immer schlechte Laune. Aber Martin meint, seine Oma lacht auch. Phillip ist nur noch diese Woche zu Hause, dann fährt er in ein Ferienlager am See. Und Lisa ist auch schon im Urlaub mit ihren Eltern. Sie sind nach Portugal geflogen.

„Nur ich hänge noch hier herum." murmelt Jonas vor sich hin und atmet schwer dabei aus.

Dabei liegt er auf der Wiese und schaut den weißen Wolken am Himmel nach, mit denen der Wind spielt.

Das macht Jonas gern. Stundenlang könnte er so seine Zeit verbringen. Es wurde schon Mittag und Jonas geht ins Haus zum Mittagessen. „Fahren wir auch in meinen Ferien mal weg?" fragt er Mutti als er hungrig seine Kartoffeln mit Soße verschlingt.

„Jonas, du weißt doch, das dauert noch etwas. Erst fast am Ende deiner Ferien fahren wir eine Woche in Urlaub."

Jonas isst und während dessen spricht er auch weiter „ Aber dann sind alle meine Freunde wieder da und ich bin weg! Warum können wir denn nicht auch jetzt fahren? Und warum fahren wir nur eine Woche? Alle anderen fahren zwei Wochen weg."

„Ganz einfach." antwortet ihm Mutti. „Weil Vati und ich jetzt noch keinen Urlaub haben. Und zweitens, weil wir nicht das Geld haben, um zwei ganze Wochen wegzufahren. Aber du wirst sehen, wir machen es uns ganz schön. Du wirst auch Spaß haben. Versprochen."

Jonas brummelt leise vor sich hin „Na hoffentlich." und isst was auf seinem Teller liegt.

Als sie mit dem Mittagessen fertig sind, zieht es Jonas wieder hinaus auf die Wiese. Und wieder legt er sich auf sie und schaut in den Himmel.

Kurz darauf verabschiedet sich Jonas Mutti für den Nachmittag, denn sie muss wieder zur Arbeit. Sie hat nur schnell ein Essen zubereitet, und nun muss sie wieder los.

„Oma kommt gleich. Bleib noch hier bis sie da ist, damit sie ins Haus kann. Hörst du Jonas?"

ruft ihm seine Mutti zu und hat schon ein Bein auf einer der Fahrradpedalen.

„Ja! Ist gut!" antwortet Jonas, ohne wenigstens noch einmal seinen Kopf zu heben. Noch immer schaut er zum Himmel.

Es dauert keine zehn Minuten und Jonas Oma ist da. „Na mein Junge? Du bist ganz allein? Sind wohl alle schon in die Ferien gefahren? fragt Oma Hella.

Jonas dreht sich auf seinen Bauch und schaut Oma Hella an und dann nickt er etwas traurig und senkt seinen Kopf mit dem Blick in das grüne Gras.

„Ja, nicht mehr lang, dann fährst auch du in die Ferien." tröstet sie ihn. „Ist aber noch so lange bis dahin und dann sind meine Freunde alle hier und ich bin weg."

Oma Hella schaut Jonas an und sagt „Ach das ist schon ein Kreuz mit den Ferien."

Jonas horcht auf „Was meinst du damit Oma Hella?"

„Ach nichts mein Junge, das sagt man halt so."

„Was meinst du denn mit Kreuz Oma?" fragt Jonas doch wieder nach. „Ich sage doch, das hat nichts zu bedeuten."

„Warum sagst du es mir dann?" fragt Jonas.

„Junge das heißt einfach nur, das es eben ärgerlich ist. Du bist jetzt allein und dann ja auch wieder, ich meine ohne Freunde, wenn ihr im Urlaub seid."

Jonas schaut Oma Hella an und sagt „Stimmt. Aber am schlimmsten finde ich, dass die anderen alle zusammen spielen und ich nicht weiß, was sie spielen. Und ein bisschen habe ich auch Angst das sie mich vergessen?"

„Ach Junge." meint Jonas Oma „Du wirst schon einen schönen Urlaub haben mit den Eltern. Und wer dich vergisst Kind, ist selber Schuld. Ich gehe mal hinein." und so geht Oma Hella ins Haus. Jonas hat nun auch keine Lust mehr auf der Wiese zu bleiben und folgt ihr.

„Was schreibst du denn da für eine Karte?" fragt Jonas und Oma Hella erklärt ihm, dass Herr Kaiser verstorben ist und sie eine Karte zur Anteilnahme an seine Familie schreiben möchte.

„Und was schreibst du da?" fragt Jonas weiter.

„Ich schreibe auf gut deutsch das es mir leid tut." dabei schreibt Oma Hella gerade „Herzliches Beileid."

Jonas stutzt als er es liest und fragt „Herzliches Beileid? Was heißt das denn? Das es dir leid tut?"

„Ja, so in etwa heißt es." antwortet Oma Hella.

Jonas beginnt sich zu interessieren was mit Herrn Kaiser nun geschieht. „Er kann ja da nicht mehr laufen Oma. Was macht er denn dann?"

Oma Hella sieht Jonas etwas erschrocken an. „Nein. Laufen kann er nicht mehr. Er ist ja verstorben."

Jonas schaut in die Augen von Oma Hella und fragt „Wo kommt er dann hin? Die liegen doch alle auf dem Friedhof. Muss er dort auch hin?"

„Ja." antwortet Oma ihm „Er muss auch dort hin."

„Aber wie kommt er dort hin?" will Jonas wissen.

„Ach Junge. Das ist doch nichts für dich und schon gar nicht in den Ferien. Du sollst doch Spaß haben." meint Oma Hella gequält. Aber Jonas lässt ihr keine Ruhe. Er will es nun einmal wissen. „Ich möchte es aber wissen. Wie kommt er auf den Friedhof?" fragt Jonas barsch. „Also gut. Er wird von einem Bestatter abgeholt. Das sind die Menschen, die sich um die kümmern, die verstorben sind."

„Aha." kommt es aus Jonas und schon fragt er weiter.

„Hat er auch Kinder?" „Ja zwei. Zwei Söhne hat er." antwortet ihm Oma Hella.

„Hm." sagt Jonas und schaut mit großen Augen Oma Hella an.

„Gehen die auch in die Schule?"

Oma Hella streichelt mit ihrer Hand liebevoll über Jonas sein Haar „Nein mein Junge. Die sind schon längst erwachsen, aber das schützt vor Kummer nicht. Auch wenn sie schon groß sind, auch sie sind traurig über diesen Verlust."

Oma Hella legt die beschriebene Beileidskarte in den Umschlag und verschließt ihn. Dabei sagt sie:

„Kinder bleiben immer Kinder, auch wenn sie schon erwachsen sind und Vater bleibt Vater, auch wenn die Kinder schon groß sind. Dein Vater wird auch dein Vater noch sein, wenn du mal erwachsen bist." Oma Hella stand auf und holt eine Flasche Wasser und zwei Gläser an den Tisch.

Jonas hat noch nicht mit Herrn Kaiser abgeschlossen. Noch immer hat er Fragen. Zum Beispiel was mit dem Herrn Kaiser geschieht, wenn er auf dem Friedhof ist. Er weiß, die Verstorbenen kommen unter die Erde und er hat von Oma Hella schon einmal gehört, die Guten kommen in den Himmel. Doch warum muss Herr Kaiser unter die Erde? Und warum sind schon so viele dort? Waren die alle nicht gut? Das geht Jonas im Kopf herum.

„Oma, kommt der Herr Kaiser auch unter die Erde?"

Oma Hella denkt sie hätte das Schlimmste hinter sich, doch das war wohl ein Irrtum. „Ja. Alle verstorbenen kommen dahin."

„Und wer buddelt sie ein?" fragt Jonas neugierig nach. „Ach Jonas!" ermahnt Oma Hella ihren Enkel mit lauterer Stimme. „Sie werden doch nicht eingebuddelt. „Ja, aber die kommen doch unter die Erde." meint Jonas zu seiner Verteidigung. „Es ist so mein Junge. Es wird ein Plätzchen auf dem Friedhof ausgesucht und das ist dann die Grabstelle. Die Erde wird meterweit abgetragen, so dass ein großes Loch entsteht und nach der Trauerfeier, wird dann der Verstorbene im Sarg, in dieses ausgegrabene Loch hinab gelassen. Dann kommt die Erde wieder darauf und sie wird mit Blumen und Kränzen geschmückt."

Jonas hört aufmerksam zu. „ Aber das Loch, kann man das auch schon zu Lebzeiten machen?"

„Um Gottes Willen! Nein, Junge. Das wird erst gegraben, wenn es so weit ist. Aber nun ist gut, du junger Spund sollst dich noch nicht mit so etwas beschäftigen. Geh hinaus an die frische Luft."

spricht Oma Hella.

Doch Jonas findet es interessant zu wissen, was nach dem Tod geschieht und er schien kein Ende zu finden.

Mit seinen Händen stützt er seinen Kopf und seine Ellenbogen stützt er auf dem Tisch. „Und wie kommt Herr Kaiser in den Himmel, Oma? Der kommt doch in den Himmel oder?"

Oma Hella steht am Fenster und gibt den Blumen Wasser. „Ja bestimmt." sagt sie so während dessen sie sich wünscht Jonas würde nun endlich mit dem Fragen aufhören.

„Da muss der Himmel ja riesengroß sein. Es sind doch bestimmt schon viele Leute gestorben, haben die da alle Platz?"

Oma Hella denkt sie hört nicht richtig „Hört das denn nicht auf?" geht es ihr durch ihren Kopf und sie sagt so beiläufig „Ach da haben noch so viele Platz."

Jonas geht das alles durch sein Köpfchen und es kommen immer mehr Fragen. „Wohnen die da alle zusammen, oder haben die alle eine eigene Wohnung oder ein Haus?"

„Das weiß ich nicht Jonas. Keiner weiß das. Wo sie wohnen und wie sie wohnen, ich habe keine Ahnung Junge." dabei geht Oma Hella aus dem Zimmer, doch Jonas lässt das keine Ruhe. Es muss doch jemanden geben, der das weiß. Und das sagt er dann auch Oma Hella. Doch sie meint dazu, es wäre noch niemand zurück gekommen den man hätte fragen können. So wird es wohl ein wohlbehütetes Geheimnis bleiben.

„Und die Erde wenn die auf den Herrn Kaiser kommt? Ist das dann schlimm für ihn?" fragt Jonas. „Jonas wenn man gestorben ist, das ist wie ganz fest schlafen und doch wieder auch anders. Der Körper wird kalt, das könnten aber nur die anderen fühlen, die ihn noch berühren möchten. Das ist so, weil kein Blut mehr durch die Adern fließt. Das Herz es schlägt nicht mehr, man denkt nicht mehr, man fühlt nichts mehr. So ist es bei Herrn Kaiser auch. Er kommt in einen Sarg und dieser kommt dann in das ausgegrabene Loch und um deine Frage zu beantworten Junge, nein, für Herrn Kaiser ist es nun nicht mehr schlimm. Er sieht und fühlt und weiß es nicht mehr."

Jonas schaut gebannt zu Oma Hella und liest fast von ihren Lippen ab, so dass ihm auch ja kein Wort entgehen kann.

„Ich gehe wieder an die frische Luft Oma." Er zieht seine Turnschuhe an und läuft damit zum Sportplatz. Vielleicht könnte er da mit anderen etwas Fußball spielen und so verabschiedet er sich von Oma und zieht los.

Oma Hella ist zufrieden. Die Fragen ihres Enkels haben sie auch etwas aus der Balance gebracht, vor allem weil sie nicht weiß, ob Jonas Eltern damit einverstanden wären, das sie ihm so viel von diesem traurigen Thema erzählt. Doch sie beruhigt sich schnell, denn sie weiß ja auch, dass Jonas ein neugieriger Junger ist, den man so schnell nicht einfach abtun kann. Dabei ist Oma Hella mehr als froh, das sie Jonas nicht erklären muss, wie Herr Kaiser nun in den Himmel kommt. Leise geht sie durch die Räume und schüttelt ihren Kopf „Der Junge, der Junge. Mein Gott wie kommt Herr Kaiser in den Himmel? Hoffentlich hat er das an der frischen Luft alles vergessen." denkt sich Oma Hella und schaut etwas besorgt.

Nun ist es Nachmittag und Oma Hella legt ihre Beine hoch und macht ein Nickerchen. Jonas hat Glück. Er trifft auf ein paar Jungen aus der Stadt mit denen er spielen kann und so vergeht wieder Zeit, ohne seine Freunde.

Erst am frühen Abend kommt Jonas nach Hause. Jonas Mutti bereitet schon langsam das Abendbrot vor und Oma hilft ihr dabei.

Jonas kommt in die Küche und schon hört er den Satz den er so oft zu hören bekommt „Hände waschen nicht vergessen!" Dabei schaut Jonas Mutti ihn kurz an und ihr Blick erzählt „Muss ich dir das denn immer wieder sagen Junge." Jonas versteht sofort und macht eine Kehrtwendung Richtung Badezimmer, dort wäscht er sich seine Hände und seine Finger spielen mit dem Wasserstrahl.

Danach geht er zurück in die Küche, wo Mutti und Oma immer noch an der Vorbereitung des anstehenden Abendbrotes werkeln und Jonas nascht schon eine Wurstscheibe vom Teller. „Kannst du bitte warten bis wir am Tisch sitzen Jonas." ermahnt ihn seine Mutti und gleich danach schallt es aus Omas Mund „Nun lass ihn doch! Den ganzen Tag an der Luft und das Herum toben, er wird Hunger haben, stimmt's Jonas?" Und Jonas sein Gesicht zeigt ein Lächeln und er nickt zustimmend. Oma Hella gibt ihm noch ein paar Scheiben in die Hand, die sie von der großen Wurst abschneidet und damit zieht Jonas durch das Haus.

„Und warum meinst du hatte er sich gerade die Hände gewaschen? Um mit fettigen Fingern durch das Haus zu ziehen und der nächste der eine Türklinke drückt rutscht ab. Ich finde es nicht richtig das du mich so untergräbst." Jonas Mutti ist sauer und Oma Hella tut so, als ob sie das alles nicht ernst nehmen würde und meint „Ach Liebes. Lass mich ihn doch ein wenig verwöhnen." Jonas Mutti stößt ihren Atem laut aus und denkt sich „Was erzähle ich eigentlich. Sie macht ja doch was sie will." Dabei geht sie in den Flur und ruft „Jonas Abendbrot!" Der kommt wie ein Sturm die Treppe im Haus herunter und rennt in die Küche zum Abendbrottisch. „Hände!" ruft Mutti entgegen und schon dreht er sich um die eigene

Achse und geht wieder einmal zum Badezimmer. Oma Hella sitzt nun auch schon bereits am Tisch und beide warten sie auf Jonas.

„Hast du deine Karte schon abgegeben, Oma?" fragt Jonas. „Heu was für eine Karte Mutti" fragt Jonas Mutti nach und Jonas antwortet darauf „Die tut mir leid Karte für Herrn Kaiser."

„Die tut mir leid Karte?" fragt Jonas Mutti ungläubig und schaut Oma Hella an. „Ist nicht Herr Kaiser verstorben?" ergänzt sie noch und wieder spricht Jonas „Ja. Der wird abgeholt und dann wird ein Loch gemacht und dort kommt er hinein. Die anderen sind alle traurig. Er hat auch Kinder." Jonas Mutti glaubt sie hört nicht richtig. „Woher weißt du denn das alles Jonas?" fragt sie ihn. „Reichst du mir mal bitte die Margarine Kind." bittet Oma Hella Jonas Mutti, um so endlich auf ein anderes Thema zu kommen. Sie bekommt die Margarine und fragt „Nun erzähl doch mal Jonas wie war es denn heute Nachmittag?"

„Jonas bitte jetzt noch nicht." bittet wiederum Jonas Mutti ihn und zeigt mit ihrer flachen Hand auf seinen Oberkörper, so als ob sie ihn stoppen will. „Woher weißt du das mit Herrn Kaiser?"

„Wieso?" fragt Jonas nach und erzählt weiter am Abendbrottisch „ Herr Kaiser kann ja nicht mehr laufen. Also muss er abgeholt werden. Aber ich stelle mir das blöd vor. Kommen dann auch Käfer und Ameisen? Ich will da mal nicht rein! Wenn das überall krabbelt und außerdem ist es ja dunkel. Oder ich nehme eine Taschenlampe mit rein. Das darf man doch? Oder Oma? Kann man da alles mitnehmen was man will?"

Oma Hella fühlt schon den Ärger der ihr bevorsteht und just in diesem Augenblick kommt es auch aus dem Mund von Jonas Mutti gefahren „Stopp! Jonas ich möchte jetzt wissen von wem du das ganze Zeug weißt? Wer erzählt dir solche Sachen?"

Oma Hella möchte nicht dass Jonas Ärger bekommt und sie fühlt dass Jonas sie nicht verraten möchte und so sagt sie leise „Ich habe es Jonas erzählt."

Die Augen von Jonas Mutti wandern zu Oma Hella und verärgert fragt sie nach „Du? Du erzählst ihm vom Tod. Einem siebenjährigen Jungen!?"

Doch auch Jonas fühlt das Oma Hella sich nicht wohl fühlt, so in die Zange genommen zu werden und so sagt er ehrlich „Mutti. Oma hat keine Schuld. Ich wollte das alles wissen. Und ich habe noch mehr Fragen, Mutti."

„Aber Jonas wieso? Wieso interessiert dich das und nicht wie die Fußballergebnisse sind? Du bist doch noch viel zu jung."

Oma Hella fühlt sich zunehmend unwohl in ihrer Haut und doch gibt sie Jonas Mutti noch zu verstehen, das Jonas wirklich alles dazu wissen wollte. Als sie mit dem Abendbrot fertig sind verschwindet Jonas wieder auf sein Zimmer und Oma Hella erzählt ihrer Tochter wie es sich zugetragen hat, dass sie Jonas davon erzählte. Jonas Mutti macht sich nun Sorgen um Jonas, warum er sich mit solchen Sachen befasst. Doch Oma Hella beruhigt sie und sagt „Er möchte es eben wissen. Und es ist doch besser man erzählt ehrlich wie es ist, als wenn man ihn belügt und Märchen erzählt. Ich glaube, wenn ein Kind das wissen möchte, ist es auch für die Wahrheit bereit."

Jonas Mutti schaut Oma Hella an und meint „Ja vielleicht hast du ja recht, aber der Tod ist doch kein Thema zwischen Mittag und Fußball spielen. Mensch er ist elf Jahre."

„Ja." antwortet Oma Hella „Ja, er ist elf Jahre und er will es wissen. Er hat mich gelöchert. Stell dir mal vor. Er dachte Herr Kaiser läuft noch zum Friedhof. Sollte ich ihm in seinem Glauben etwa lassen?" Jonas Mutti lächelt und schüttelt ihren Kopf.

„Es ist wichtig dass man mit den Kindern über das spricht, was sie interessiert und sie aufklärt, wenn sie falsch denken. Jonas ist ein aufgewecktes Kerlchen, der wird das verarbeiten. Und es hat doch auch mit Liebe zu tun, wenn man ehrlich mit seinen Kindern oder Enkelkindern ist. Glaubst du nicht auch? Dir habe ich auch immer die Wahrheit gesagt."

Jonas Mutti nimmt Oma Hella in ihre Arme und ihre Hand streichelte über Omas Rücken. „Schon gut Mutti. Danke. Ich glaube ich hätte das wohl nicht so gekonnt. Mich erinnert das immer an Vatis Tod. Als du mir damals sagtest, dass er in einen Sarg kommt und dann hinab gelassen wird in ein Erdloch, fand ich das furchtbar. Mag sein, weil es jemand war den ich kannte. Fremde sind einen dann doch nicht so nah, es tut einen leid und wenn es jemand nettes war, bedauert man es auch, aber mehr wohl nicht."

Oma Hella löst sich aus der Umarmung und sagt dazu „Ja Kind, da könntest du wohl recht behalten."

Jonas ist in der ganzen Zeit auf seinem Zimmer und spielt am Computer. Als seine Kinderzimmertür aufgeht sagt Jonas sofort „Ich mach gleich Schluss."

Jonas Mutti steht an der Tür und lächelt, erst will sie gleich wieder gehen, doch sie entscheidet sich dann, auf ein paar Minuten sich zu Jonas zu setzen. „Und du wolltest das wirklich wissen?" fragt sie ihn, während Jonas dabei in den Computer schaut und um sein Spiel bemüht ist und nach seinem „Oh man jetzt habe ich es versemmelt, Mutti." kommt dann ein „Ja. Es hat mich interessiert."

Jonas Mutti ist etwas mehr beruhigt, weil sie nun fühlt, dass er es wirklich so meint.

„Na gut mach nicht mehr so lange Jonas." mit diesen Worten ging sie wieder aus Jonas Zimmer und zu Oma Hella, die sich langsam fertig macht, um wieder nach Hause zu gehen, aber nicht um sich vorher von Jonas zu verabschieden.

Die Tage vergehen wie im Flug. Und so kam der Morgen, an dem Jonas aus schläft und Oma Hella ist bereits auch wieder bei ihm. Die Sonnenstrahlen tanzen im Zimmer und kitzeln Jonas im Gesicht. Er wacht langsam auf und als er sich streckt wird er erst richtig wach und springt aus seinem Bett. „Heute kommt Vati." trällert er vergnügt in seinem Zimmer und nach dem er das Badezimmer verlässt, geht er schnurstracks zu Oma Hella, die in der Wohnstube mit einem Buch auf ihren Enkel wartet. „Guten Morgen Omi." sagt Jonas laut und setzt sich zu ihr.

„Guten Morgen mein Junge. Na komm da gehen wir erst einmal frühstücken." Oma Hella legt ihr Buch aus der Hand, auf den Tisch, der neben ihrem Sessel in dem sie sitzt steht und geht mit Jonas hinüber in die Küche. Jonas setzt sich dort gleich wieder an den Tisch und Oma Hella deckt diesen. „Kakao?" fragt Oma Hella Jonas und er nickt und sagt laut „Jawohl."

„Du bist heute gut gelaunt. Freust dich schon auf Morgen oder?"Jonas nickt wieder und antwortet „Ja und wie. Endlich kann ich auch in Urlaub fahren."

„Das glaube ich dir mein Junge. Ihr werdet bestimmt ein tollen Urlaub haben." dabei gießt Oma Hella die Milch über das Kakaopulver und trägt dann die Tasse zu Jonas an den Tisch.

Mit Käse belegt sie eine Scheibe Brot und Jonas isst und trinkt und bleibt dabei ruhig sitzen.

Als er fertig ist mit seinem Frühstück räumt Oma Hella alles auf und sagt noch schnell, damit es Jonas auch noch hören kann, denn er läuft bereits mit schnellen Schritten in den Flur, um seine Fußballschuhe anzuziehen „13 Uhr ist Mittag!"

Jonas stockt beim Zuschnüren seiner Schuhe und meint „Aber ich habe doch gerade gefrühstückt Oma. Und jetzt ist es?" fragt er nach und aus der Küche kam „Kurz nach elf." Jonas verdreht seine Augen und pustet laut Luft aus seinen Lungen. „Das sind ja nicht einmal mehr zwei Stunden. Da kann ich nicht schon wieder essen. Ich komme später." Schnellen Schrittes geht Oma Hella in den Flur zu Jonas und fragt ihn, ob er denn nicht zu Mittag essen wolle. Doch Jonas meint, dass er da bestimmt noch keinen Hunger haben würde. So geht Oma Hella an den Süßigkeiten Schrank und gibt Jonas zwei Schokoladenriegel als Proviant mit und ergänzt „Wenn du aber Hunger hast, kommst du nach Hause, dann mache ich schnell etwas."

Jonas ist einverstanden und rennt los zum Fußball spielen.

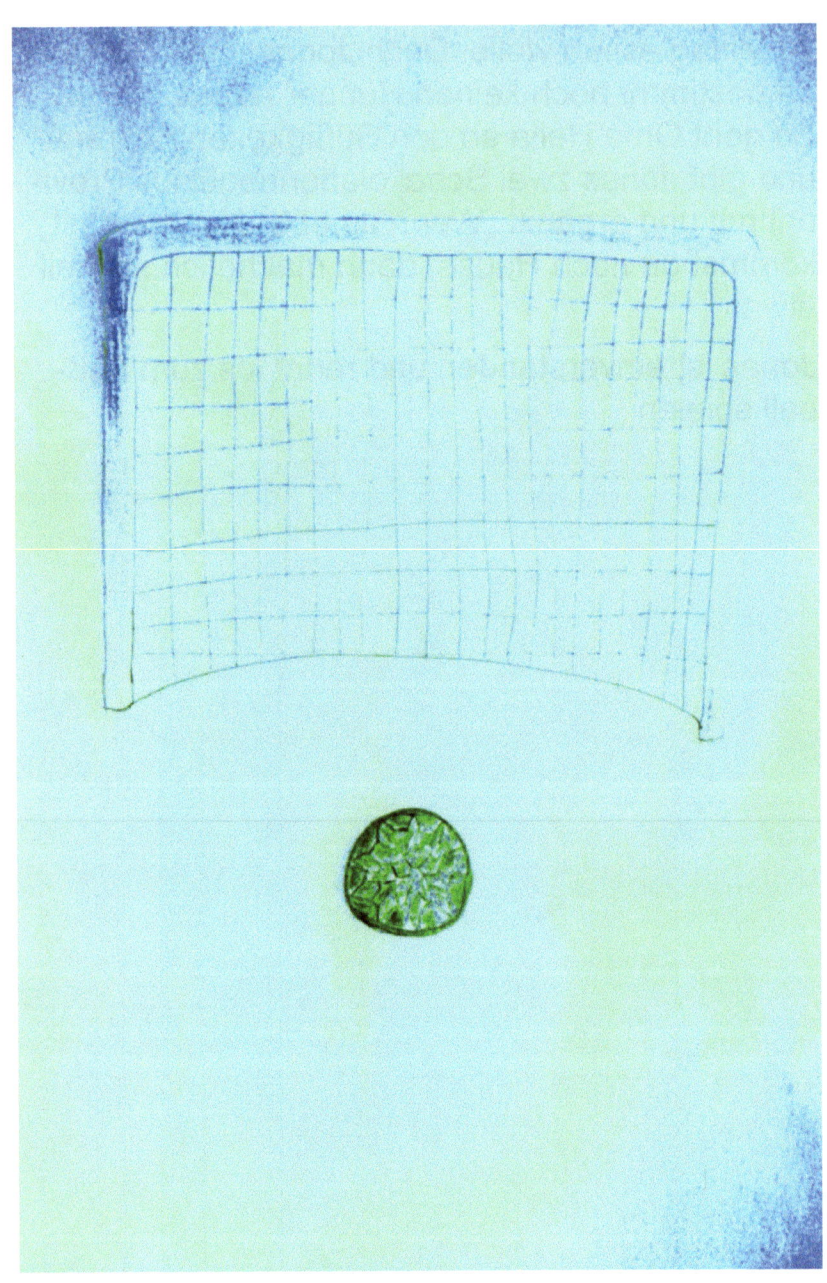

24

Der Tag vergeht und erst am späten Nachmittag kommt Jonas nach Hause zurück und rennt seinem Vati geradewegs in die Arme. Er nimmt Jonas mit offenen Armen auf und „Na du Herumtreiber? Geht es dir gut?" sind seine ersten Fragen an Jonas. „Klar doch." gibt Jonas als Antwort und geht nun wieder seiner Wege.

Vati Bernhard setzt sich mit Oma Hella in den Garten und sie erzählen von der Arbeit und was zu Hause so alles los ist.

Es dauert nicht lange und auch Jonas Mutti ist von ihrer Arbeit zurück. „Bernhard wir müssen noch Koffer packen." Doch Vati Bernhard meint das hat noch Zeit bis nach dem Abendbrot. „Alles mit der Ruhe." sind seine Worte und auch er freut sich auf den Urlaub, genau so wie Jonas und seine Mutti.

Die nächste Woche, würden sie alle drei am Wasser liegen, Berge besteigen und wer weiß was noch so machen, denkt sich Jonas und dabei kommt doch etwas Wehmut auf, denn Oma Hella bleibt allein zurück. Am späten Abend verabschiedet sie sich von allen und Jonas drückt sie ganz doll an ihre Brust. „Viel Freude mein Junge beim Urlaub machen." Jonas hält seine Oma fest umarmt „Schade Oma das du hier bleiben musst." kommt es aus ihm heraus. „Ach Jonas! Nun aber!

Ich bin eine alte Frau. Ich bin froh wenn ich zu Hause sein kann. Ich muss nicht mehr durch die Weltgeschichte ziehen. Aber ihr müsst das. Ihr arbeitet alle und du musst lernen, da braucht man Erholung. Also macht es euch recht schön. Wir sehen uns ja bald wieder." mit diesem Worten verabschiedet sich Oma Hella von Jonas und gibt ihm einen dicken Kuss auf seine Stirn.

Für Jonas kommt nun eine aufregende Woche. Allein der Flug, ist schon ein Abenteuer für sich. So hoch am Himmel würde er dann sein und auf alles hinunterschauen können. Jonas freut sich und auch seine Eltern sind froh über die Auszeit die ihnen bevor steht, wenn es auch nur eine Woche sein würde.

Als Jonas im Flugzeug sitzt schaut er einmal rundherum um zu sehen wer noch so mit ihm außer seiner Eltern im Flieger sitzt. Ansonsten jedoch schaut er immer nur aus dem Fenster. Manchmal fliegen sie durch eine Wolkendecke. Er findet es toll.

So weit oben war Jonas noch nie. Die letzten Jahre war er mit seinen Eltern im Auto verreißt.

Jonas beginnt zu träumen und auf einmal fiel ihm Herr Kaiser ein.

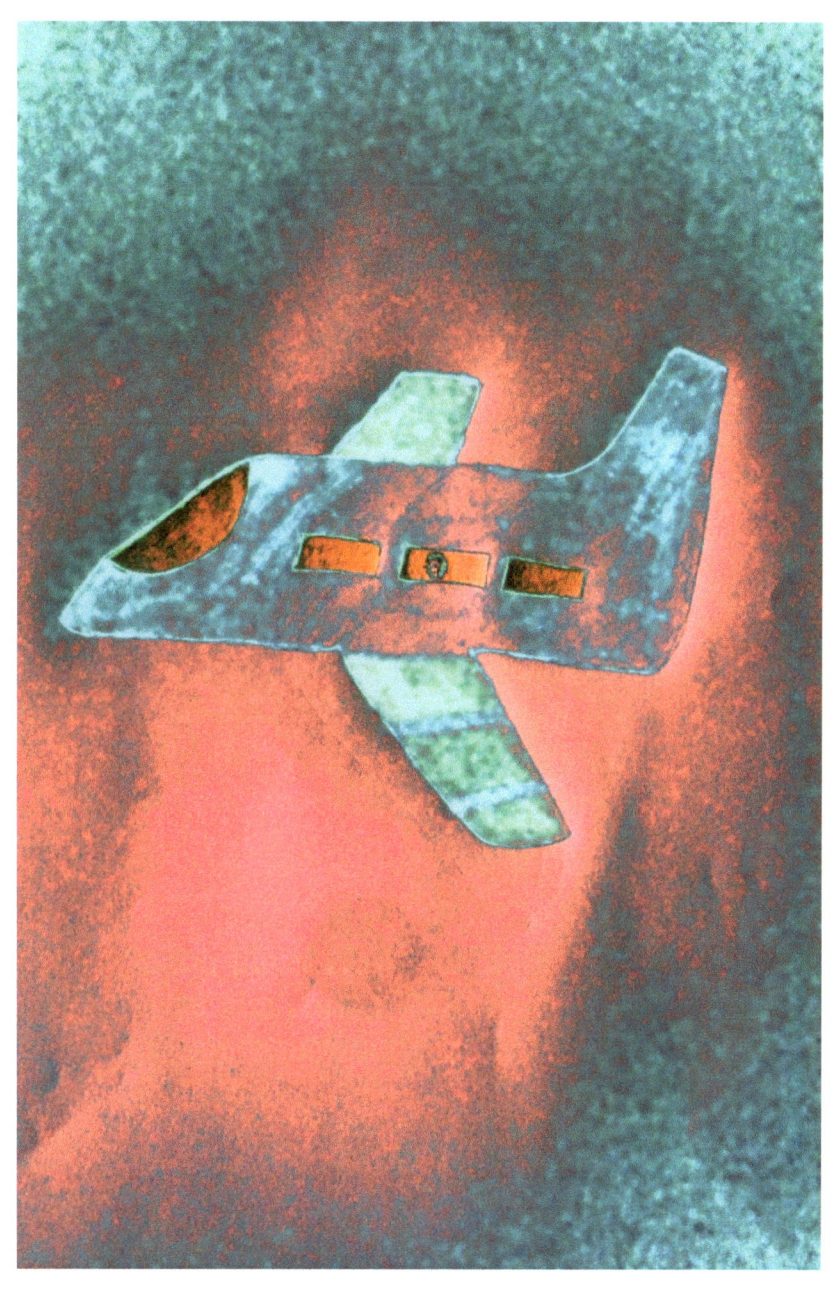

Neben ihm sitzt Mutti und liest in einem Buch. Leise fragt er sie, ob Herr Kaiser hier vielleicht irgendwo wäre. „Was?!" ruft erschrocken Jonas Mutti und weckt so Bernhard, Jonas Vati aus einem kurzen Schlaf auf. „Wie kommst du denn darauf, Jonas?" fragt sie ihn. „Ich denke Oma hat es dir erklärt? Herr Kaiser wird begraben, den kannst du hier nicht treffen." Etwas Angst schwingt in ihrer Stimme mit.

„ Ja. Aber Oma sagt, die Guten kommen in den Himmel."

Das hört auch Vati Bernhard und versteht erst mal gar nicht, um was es bei dem Gespräch geht, aber gibt den beiden zu verstehen, dass sie doch gerade alle drei im Himmel sind. Jonas Mutti schaut etwas entsetzt und beginnt dann doch zu lachen und Jonas lacht mit. „Nein Vati. Wir doch nicht!" sagt Jonas neunmal klug.

Jonas Mutti wendet sich nun Jonas zu und gibt ihm zu verstehen

„Oma hat gesagt das Herr Kaiser auf unserem Friedhof begraben wird. Er kann nicht im Himmel sein. Und nun gut." in der Hoffnung, dass Jonas nun Ruhe geben würde, doch er will es ganz genau wissen. „Oma Hella hat gesagt, dass er vom Bestatter abgeholt wird und dann ein Loch gegraben wird und dort kommt Herr Kaiser hinein. Und dann hatte sie mir noch gesagt, dass wenn man eine gute Seele hat, diese in den Himmel kommt. Herr Kaiser hatte zwei Kinder, der muss doch gut gewesen sein. Oder nicht?" gibt Jonas seiner Mutti zu verstehen.

Diese rollt ihre Augen und schweigt, wieder in der Hoffnung, dass Jonas dann endlich mit dem Thema aufhören würde. Doch es ist wie verhext. Er will eine Antwort.

So schaut Jonas seine Mutti immer noch fragend an und sie erzählt, dass wenn man ein guter Mensch war, das es dann mit den Gefühlen zu tun hatte und die Gefühle kommen aus der Seele. Und wenn man eben gut war zu anderen Menschen, dass man dann in den Himmel kommt und es heißt, das die Seele immer lebt, auch wenn der Körper stirbt. Also das die Seele, bevor der Körper unter die Erde kommt, aus dem Körper austritt. Vielleicht so etwas wie ein heller Schein. Manche Menschen meinen auch, dass sie es sehen können wenn das geschieht.

„Dann könnten wir Herrn Kaiser doch treffen?" fragt Jonas nach.

„Nicht so wie du das meinst Jonas. Herrn Kaiser werden wir nie wieder so treffen können, wie wir es früher erlebt hatten.

Manchmal erzählen Leute, wenn ein Mensch verstorben ist, dass er dann doch noch da ist, sie sehen ihn noch durch die Räume gehen, obwohl er ja unter der Erde liegt.

„Cool." kommt es aus Jonas.

„Das ist nicht cool. Das ist vielleicht tröstlich für die, die Zurück bleiben, oder auch verwirrend für sie, wenn sie nicht damit umgehen können. Man kann sie ja nicht mehr anfassen wie früher, man sieht es nur, oder fühlt es.

„Was redet ihr denn da?" kommt es von Vati Bernhard herüber. „Vati wir kommen alle in den Himmel. Wir sind die Guten."

„Pst." meint Jonas Mutti, sie schaut ihn mit großen Augen an und macht es mit einer hektischen Handbewegung, in dem sie diese auf und ab schüttelt Jonas klarer, das er darüber nicht so laut erzählen soll.

Jonas versteht es, dreht seinen Kopf zum Fenster, schaut wieder hinaus und hinunter auf die Welt. Was wohl Oma Hella gerade macht?

Die Woche Urlaub vergeht fast so schnell wie der Flug, findet Jonas. Gerne wäre er noch geblieben, aber es geht nicht und so kommt, was einmal kommen muss. Der Abreisetag.

Jonas ist etwas traurig darüber, denn nun beginnt bald wieder die Schule.

Oma Hella erwartet ihre Familie schon und hat Kaffee gemacht und Kuchen gebacken. Glücklich, dass alles gesund und munter wieder zurück sind, erzählt Oma, was sie in der Zwischenzeit erlebt hat und auch Jonas erzählt von dem wunderschönen Urlaub.

So sitzen sie alle lange beisammen und erzählen viel. „Komisch, es ist, als wären wir noch im Urlaub, Oma." spricht Jonas und hat ein zauberhaftes Lächeln auf seinem Sommersprossengesicht.

Oma Hella lächelt in die vertraute Runde und antwortet: „Ja mein Junge, so kann es sein. Man zahlt für eine Woche und in dem man im Nachhinein von den schönen Erlebnissen erzählt, hängt gefühlsmäßig noch ein paar Tage an." Alle lachen.

Noch ein paar Tage Ferien und Jonas darf lange ausschlafen und die Zeit sich so gestalten, wie er es gern hätte.

Seine Eltern sind die nächsten Tage auch noch zu Hause und Oma Hella würde da sein und nicht zu vergessen, Jonas Freunde, sie waren alle zurück aus ihrem Urlaub. Endlich wieder einmal alle sehen. Jonas freut sich, wenn da nicht die Aussicht auf den Schulbeginn wäre. Das lässt ihn etwas hadern. Aber er weiß, die nächsten Ferien kommen bestimmt.

So ist Jonas noch in den letzten Ferientagen mit seinen Freunden unterwegs.

Anton ist einer seiner besten Freunde. Zurzeit aber ist Anton traurig, denn sein Opa ist sehr krank.

Was hat er nicht alles mit Anton unternommen. Oft schon erzählte Anton seinen Freunden davon und alle wünschen sich dann so einen Opa, wie Anton ihn hat.

Auf der Wiese, die hinter der alten Feuerwehr ist, dort ist oft der Treffpunkt für Jonas und seine Freunde.

Als Jonas dort eintrifft, fehlt jedoch Anton. Die anderen haben keine große Lust noch auf Anton zu warten und ziehen los. Jonas ist sich unsicher, aber es war 13 Uhr abgemacht und nun ist es schon viertel nach um. „Ach komm doch Jonas. Anton kommt bestimmt nicht mehr! Los komm mit!" ruft Lars Jonas zu und nach einer kurzen Überlegung entscheidet sich Jonas, dann doch mit den anderen zu gehen. Doch am Nachmittag lässt es Jonas keine Ruhe, was mit Anton ist und er geht zu ihm nach Hause.

Er läutet an der Tür und Frau Hügnes, Antons Mutti, öffnet sie. Noch bevor Jonas fragen kann, sagt sie ihm „Jonas, Antons Opa ist heute Nacht eingeschlafen, Anton ist sehr traurig. Vielleicht spielt ihr ein andermal wieder?" Jonas nickt verständnisvoll, obwohl er gar nicht weiß, warum Anton deswegen traurig sein soll? Wenn sein Opa schläft, dann ist es doch gut. Vielleicht würde er sogar wieder gesund. Auch Oma Hella meint immer, wenn Jonas mal krank ist „Schlaf dich gesund."

Jonas geht nach Hause. Als er dort ankommt, bemerkt Oma Hella sofort, dass ihm etwas auf der Seele liegt. „Was ist denn Jonas?" fragt sie liebevoll nach. „Frau Hügnes hat mir gesagt, dass Antons Opa heute Nacht eingeschlafen ist."

„Ach, du lieber Gott! Dann hat er ihn zu sich geholt. Wieder einer der gehen musste." spricht Oma Hella, ohne das sie überlegt hat, dass sie das zu Jonas sagt, der so gar nicht weiß, was eigentlich passiert ist.

„Wieso zu sich geholt Oma? Wen meinst du damit? Frau Hügnes hat nur gesagt, dass er eingeschlafen ist." sagt Jonas fast vorwurfsvoll.

„Ach Kind. Frau Hügnes meint mit eingeschlafen, das Opa Werner gestorben ist, wie der Herr Kaiser."

Jonas versteht es nicht. „Aber wieso sagt sie dann eingeschlafen?" fragt er nach. „Ja Kind weißt du, das sagt man so. Man kann auch sagen der liebe Gott hat ihn zu sich gerufen. Manche sagen auch, er ist heim gegangen."

Jonas stutzt und schaut traurig Oma Hella an.

„Du meinst Antons Opa ist gestorben?" fragt Jonas nach.

„Ja Jonas. Er ist wohl heute Nacht dann gestorben. Den Ruf kann niemand ignorieren. Irgendwann ruft Gott alle seine Schäfchen zurück in den Stall. Das bleibt uns allen nicht erspart. Ach, was ich da erzähle! Geh spielen Junge." spricht Oma Hella und scheint auch etwas traurig drein.

Doch Jonas hatte Redebedarf.

„Man kann den Ruf nicht einfach überhören? Ich höre ja auch manchmal nicht, wenn mich jemand ruft. Und woher soll ich wissen, wenn es Gott ist Oma?"

Oma Hella weiß nun, Jonas wird ihr keine Ruhe lassen, nicht bevor sie ihm alles erklärt, was er dazu wissen möchte.

Sie schaut zu Jonas und mit einer ihrer Hand winkt sie ihn zu sich „Komm mal her. Setzt dich mal zu mir Junge." sagt Oma Hella und Jonas tut worum ihn Oma Hella bittet.

Sie legt ihre Hand auf die seine, die er flach auf dem Tisch liegen hat und schaut ihn an „Weißt du Jonas, es gibt manchmal verschiedene Wörter für ein und dasselbe. Wenn jemand stirbt, dann kann man sagen, er ist gestorben, oder verstorben, Gott hat ihn gerufen, oder auch wie Frau Hügens es formuliert, er ist eingeschlafen. Das alles sagt aber immer dasselbe. Ein Mensch ist von uns gegangen, siehst du, das ist auch noch so ein Wort, von uns gegangen, er ist nicht mehr unter uns, also gestorben.“

Jonas überlegt „Wieso kann man so vieles sagen?“

Oma Hella sieht ihn an und schämt sich nicht zu sagen, dass sie es nicht weiß „Das weiß ich nicht Junge. Vielleicht, weil es jeder so sagt, wie er es fühlt. Ich weiß es nicht Jonas. Ein Mensch sagt lieber eingeschlafen, ein anderer heimgegangen, wieder ein anderer gestorben. Wir Menschen tun uns schwer mit dem Tod. Wir möchten ihn irgendwie nicht akzeptieren. Wahrscheinlich weil es uns Angst macht, unser Leben weiter zu leben, ohne den geliebten Menschen, der gestorben ist. Bis wir das, ja gut, vielleicht der eine eher, der andere Mensch später akzeptieren können, sprechen wir lieber andere Worte aus, als gestorben oder verstorben. Das klingt so hart und endgültig. Oft möchten wir, wenn wir traurig sind, nicht hören was uns traurig macht, dabei ist das auch wichtig.

Denn es möchte aus-, und angesprochen werden, was uns auf der Seele liegt, damit es heilen darf."

Oma Hella steht auf und geht in die Küche. Jonas bleibt noch am Tisch sitzen und legt seinen Kopf auf seine Hände und die Ellenbogen stützt er auf dem Tisch ab. So sitzt er noch eine Weile still im Zimmer und hängt seinen Gedanken nach. "Opa Werner ist nun auch gestorben, wie der arme Herr Kaiser. Anton wird doll traurig sein. Das kann ich verstehen. Ich bin es auch gerade." Mit diesen Gedanken sitzt er eine Weile am Tisch und Oma Hella beobachtet ihren Jonas von der Küche aus.

„Jetzt kenne ich einen Menschen, dessen Gefühle im Himmel sind. Antons Opa Werner. Aber warum kann man die Gefühle nicht sehen?"

Diese Frage stellt er Oma Hella, die wieder zurück ins Zimmer kommt, als sie Jonas Frage hört. „Oma? Wieso kann man Gefühle nicht sehen? Mutti sagt Gefühle kommen aus der Seele, die nach dem Sterben in den Himmel kommt, wenn man gut zu Menschen war."

Oma Hella schaut Jonas erstaunt an, so als möchte sie sagen, dass hat deine Mutti gesagt. „Jonas, man kann Gefühle auch sehen und spüren. Wir Menschen können das. Wenn allerdings jemand verstorben ist, der kann es nicht mehr fühlen, denn sein Körper lebt nicht mehr. Er kann die Berührungen nicht mehr wahrnehmen."

„Und sonst ja?" fragt Jonas verwundert nach. „Aber natürlich Kind! Wenn ich dir sage, das ich dich liebe, fühlst du das?" fragt Oma Hella Jonas. Jonas sitzt noch immer auf seinem Stuhl, hält inne und hält seine kleine Hand auf seine Brust. In ihm steigt eine kleine Träne hoch, die Oma Hella mit einem „Ach mein Schatz." von Jonas Wange streicht. Jonas nickt und etwas Röte zeigt sich im seinem Gesicht. „Siehst du und mit einer Umarmung, einem Kuss, kannst es auch spüren." Oma Hella drückt Jonas fest an sich und schenkt ihm einen Kuss auf seine Stirn. „Doch sind Menschen verstorben, fühlen sie die Umarmung nicht mehr. Also Gefühle kann man spüren, auch sehen, so lange wir leben. Was danach ist, das weiß ich nicht Jonas. Das weiß wohl keiner recht."

„Oma, ich habe dich ganz doll lieb." dabei geht Jonas zu Oma Hella und drückt sie. „Jetzt spürst du meine Gefühle. Stimmts?" fragt Jonas nach und Oma Hella hat eine Krokodilsträne im Auge und kann gar nichts sagen, aber sie nickt lächelnd, so gerührt ist sie.

Und Jonas fragt auch gleich weiter. „Und das Gefühl, das wir uns lieb haben, das fliegt dann zum Himmel, wenn wir nicht mehr leben?"

„Na ja, so ungefähr. Man sagt der Mensch besteht aus Seele, Geist und Körper. Der Körper ist vergänglich. Das siehst du an mir mein Junge. Ich war auch einmal jung, wie du und nun schau mich an. Ich bin eine Oma."

„Oma Hella du bist die beste Omi der Welt." posaunt Jonas liebevoll heraus und Oma Hella lacht, weiß sie doch, dass das eine, mit dem anderen gar nichts gemein hat.

„Ja mein Junge, vielleicht mag es so sein, aber ich will dir damit sagen, der Körper verwelkt, wie eine Blume irgendwann einmal. Die Seele kommt in den Himmel. Sie fliegt mit den Engeln."

„Wirklich?" fragt Jonas erstaunt nach. „Ich weiß es nicht, aber ich glaube es. Sagen kann dir das niemand wirklich. Es ist noch keiner zurück gekommen, der einmal da oben war."

„Aber es kommen nur die dahin die gut zu Menschen sind." sagt Jonas, als ob er es ganz genau wüsste.

„Nun ja. Nicht nur zu Menschen. Seelen, die gut zu Tieren, zu allem Leben sind. Dazu gehören nicht nur die Menschen und Tiere, auch die Natur gehört dazu Jonas. Ich glaube, Gott fühlt, warum wir etwas tun und wenn wir es falsch getan haben, das wir uns ehrlich entschuldigen, weil es uns wirklich leid tut, was wir falsch gemacht haben. Dann kommen wir auch in den Himmel."

Jonas hört aufmerksam zu und lässt keinen Blick von Oma Hella.

„Opa Alfons habe ich nie kennengelernt. Ist seine Seele auch im Himmel?"

„Ja natürlich. Dein Opa war ein guter Mensch. Du hättest ihm viel Freude gemacht, glaube mir mal."

„Warst du auch traurig als er einschlafen musste?" fragt Jonas in seiner kindlichen Unbefangenheit. „Ja Jonas. Sehr sogar. Ich war mit deinem Opa viele, viele Jahre verheiratet und wir waren immer zusammen. Und wenn man dann auf einmal so allein ist, ist das schlimm. Das wünscht man niemanden."

„Aber du hattest doch Mutti und Vati." gibt Jonas Oma Hella zu verstehen. „Ja, die hatte ich, mein Junge. Aber, wenn ein Mensch mit einem anderen immer zusammen ist, und einer gehen muss, ist dass, das noch andere da sind, für den ersten Moment kein großer Trost. Hilfe ja. Hilfe ist es. Aber man vermisst den anderen so sehr, das es weh tut und das Gefühl kann von den anderen niemand wirklich nachempfinden. Aber mit Opa Alfons, das ist schon so lange her. Heute kann ich wieder lachen Junge. "

Jonas schmiegt sich an den Bauch seiner Oma und drückt sie fest. So als möchte er ihr sagen, das er sie lieb hat und sie nicht mehr traurig sein soll. Oma Hella versteht diese Geste von Jonas genau so und liebt Jonas sehr.

Erst Herr Kaiser und der Opa Werner von Anton, Jonas möchte so gern wissen wie das ist mit der Seele, die in den Himmel kommt. Es lässt ihm keine Ruhe. Immer wieder beschäftigt er sich damit.

Nach ein paar Tagen kommt auch Anton wieder mit zum Spielen.

Er erzählt von seinem Opa und wie traurig er ist, das er nun nicht mehr da ist. Jonas glaubt Anton zu verstehen. Er wäre auch sehr traurig, wenn Oma Hella einschlafen müsste.

Und weil Jonas das so sehr beschäftigt, kommt was kommen muss. Eines Abends schläft Jonas mit den Gedanken an den Himmel ein und träumt von einer Leiter, die mit bunten Blumen geschmückt ist. Diese Leiter konnte er einfach so hinstellen und wenn er sie nach oben steigt, begrüßt ihn ein Engel. Den kann Jonas alles fragen und bekommt eine Antwort.

Das erste Mal, als Jonas die Leiter nach oben steigt, begrüßt ihn der Engel mit. „Guten Tag lieber Jonas. Ich bin Engel Nathaniel. Wie kann ich dir helfen?" Jonas staunt und hält sich gut an der Leiter fest.

„Woher weißt du meinen Namen?" fragt Jonas den Engel Nathaniel. „Ich bin ein Gesandter von

Gott und kenne jeden der sich an mich wendet. So auch dich." Jonas macht große Augen und trägt dem Engel nun sein Anliegen vor. „Oma Hella sagt: Gott hat ihn zu sich gerufen. Jetzt wollt ich fragen, wie es Opa Werner geht? Kann ich mit ihm sprechen?"

Der Engel lächelt und antwortet „Natürlich Jonas. Wenn Opa Werner mit dir sprechen möchte, wird es möglich sein. Einen Moment bitte." Der Engel geht und nach einer Weile des Wartens die Jonas auch auf der Leiter verbringt, kommt der Engel Nathaniel zurück mit guter Kunde. Hinter ihm, steht ein alter Mann mit Hemd und Hose und über dem Hemd trägt er Hosenträger und seine Brille hat Opa Werner auch noch auf. „Opa Werner. Am liebsten würde ich jetzt Anton holen, damit er dich auch sehen kann. Der ist ganz schön traurig, weil du nicht mehr da bist."

Opa Werner lächelt und winkt Jonas zu und bevor er sich umdreht, um wieder im Himmel zu verschwinden, hört Jonas noch „Grüß mir meinen Anton. Ich liebe ihn. Er muss nicht traurig sein. Ich wache über seine Schritte. Jonas erzähle ihm von deiner Leiter." mit diesen Worten, sieht Jonas Opa Werner im Nirgendwo verschwinden hinter irgendeiner Wolke. Nun sieht Jonas nur noch den Engel Nathaniel. „War es dir Hilfe Jonas?" fragt dieser ihn und Jonas freut sich, dass er Anton helfen und erzählen kann von Opa Werner. Somit bedankt sich Jonas bei Engel Nathaniel mit den Worten „Ja! Sogar eine große Hilfe war das. Meinem Freund Anton kann ich das erzählen und der freut sich bestimmt, dass sein Opa noch weiß, wer er ist. Mich kannte er sogar noch!" rief Jonas und stieg von der Leiter. Nun vernimmt er noch die Worte des Engels „Stell die Himmelsleiter zur Seite Jonas." Das tut Jonas und winkt dem Engel zum Abschied zu.

Mit einem „Tschüßi" geht Jonas davon und wacht just in diesem Moment aus seinem Traum auf. Er liegt noch im Bett und denkt über diesen Traum nach, der sich so überhaupt nicht wie ein Traum anfühlt. Viel mehr fühlt er sich ganz echt an, so als ob Jonas wirklich auf einer Leiter gewesen wäre und Opa Werner sah genau so aus, wie er Antons Opa kannte. Jonas ist etwas aufgeregt. Wem sollte er nun zuerst davon erzählen? Oma Hella? Oder seinem Freund Anton?

Nach seinem Frühstück verabschiedet sich Jonas Mutti zur Arbeit und Vati Bernhard ist schon seit gestern wieder auf Montage. Er kommt immer nur an den Wochenenden nach Hause. Aber Oma Hella wird gleich kommen und sie wird nun die erste sein, die von Jonas Traum erfährt.

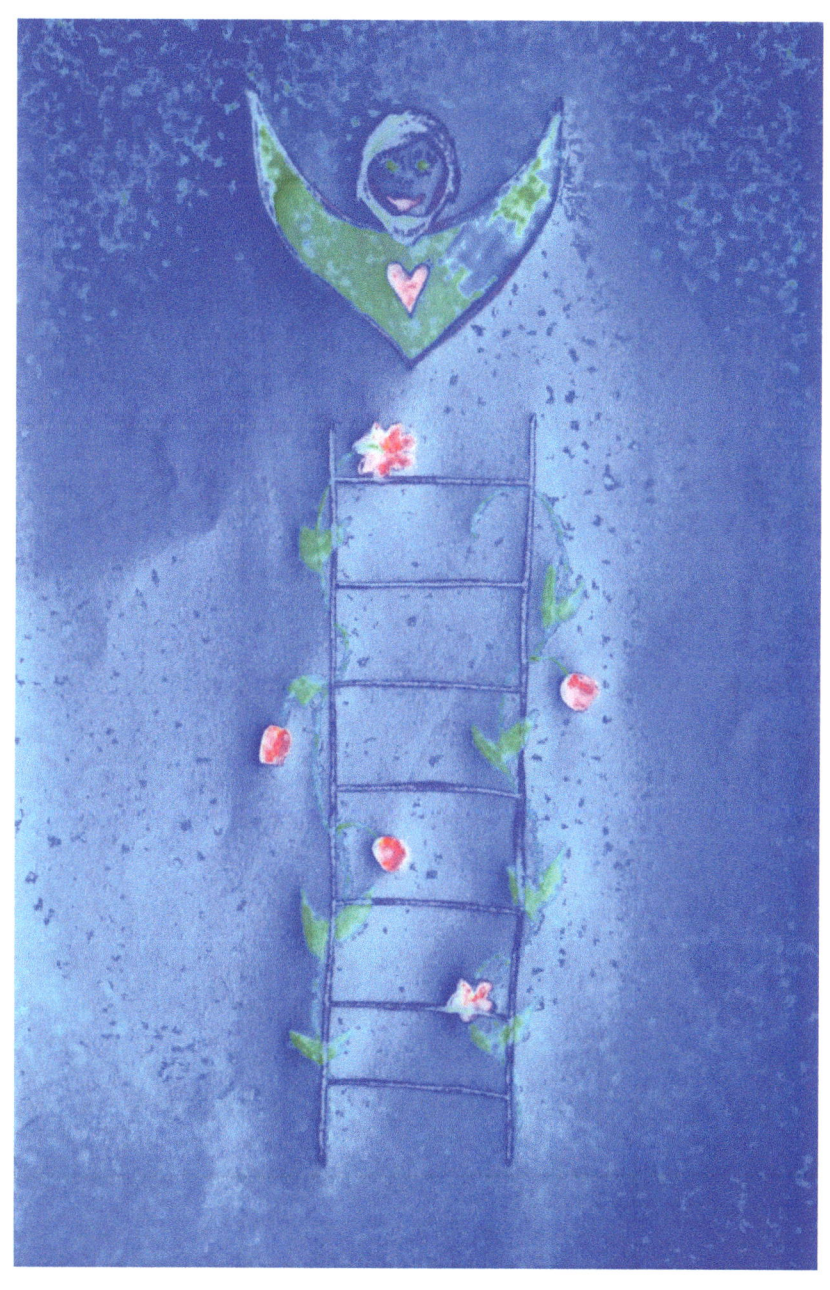

Sie ist noch nicht einmal richtig zur Tür herein, da erzählt bereits Jonas ihr vom Traum und Oma Hella hört aufmerksam zu. „Junge, da ist dir etwas ganz Schönes begegnet." sind ihre Worte. „Aber ich weiß nicht wie Anton darauf reagieren wird. Du kennst ihn besser. Glaubt er wie du, das man in den Himmel kommen kann?" Jonas überlegt und schaut etwas enttäuscht. „Hm? Könnte sein das er es Mist findet." dabei zieht Jonas seine beiden Schultern zum Kopf an und lässt sie wieder hinab.

Oma Hella sieht Jonas an „Dann sag es ihm erst, wenn du sicher bist, das er dich nicht auslacht. Sonst tut es dir weh."

Jonas versteht, was Oma Hella meint. Aber er hat sich so darauf gefreut, Anton davon erzählen zu können.

Doch er macht was Oma Hella ihm geraten hat und wartet erst einmal ab.

So macht sich Jonas in die Spur, um sich mit seinen Freunden zu treffen. Heute ist der letzte Ferientag. Der Treffpunkt ist wieder die Wiese hinter der alten Feuerwehr.

Gemeinsam gehen alle dann zum Sportplatz.

Noch nicht einmal richtig da angekommen, spielen sie bereits Fußball.

Jonas hat schon den Ball, der ihm angespielt wird. „Tor! Tor! Klasse Jonas" ruft Lars ihm zu. „Tor! Tor! Das gibt es doch nicht. Jonas du spielst Klasse. Mensch pass auf Jonas! Aaaach. Na gut, gerade noch. Vier zu eins. Wir haben gewonnen!" mit diesen Worten setzt sich Lars an den Spielfeldrand und trinkt aus seiner Wasserflasche. Jonas dagegen, geht zu Anton, der auf der Bank sitzt. „Was ist denn Anton?" Anton schaut Jonas an, danach sinkt er seinen Blick auf den Boden ins Gras. Leise spricht er: „Mein Opa fehlt mir. Wenn ich wenigstens wüsste wie es ihm geht?" sagt Anton traurig. Jonas erinnert sich an seinen Traum und nimmt allen Mut zusammen. „Wenn du nicht lachst, erzähle ich dir etwas, aber Freundschaftsehrenwort nicht lachen." meint Jonas. „Mir ist nicht zum Lachen." gibt Anton zurück und Jonas meint darauf „Nein es ist auch nicht zum Lachen, ich meine, du sollst mich nicht auslachen, wenn ich dir jetzt etwas erzähle."

„Ach so." sagt Anton gleichgültig dahin „Versprochen." ergänzt Anton und Jonas erzählt ihm von seinem Traum.

Man kann zusehen wie Anton seine Traurigkeit verliert und er an Jonas Traum Gefallen findet.

„Du meinst ich soll mir einfach diese Leiter vorstellen und dann komme ich zu Opa Werner?" fragt Anton etwas ungläubig nach und Jonas zuckt mit seinen Schultern und sagt „Ich weiß nicht. Du kannst es doch versuchen. Es ist doch nicht schlimm. Und wenn du es nicht kannst, vielleicht kann ich es ja noch einmal?"

Beiden Jungen gefällt der Gedanke, das man die, die verstorben sind, so besuchen kann.

Am Abend als alle wieder zu Hause sind, versucht Anton, als er in seinem Zimmer ist, sich die Himmelsleiter vorzustellen, genau so wie Jonas sie beschrieben hat.

Er liegt auf seinem Bett und hat die Augen geschlossen, dabei wünscht er sich so sehr mit Opa Werner zu reden, oder ihn wenigstens zu sehen. Vom großen Kummer müde schläft Anton ein, und bevor er wieder aufwacht, hat er ein seltsames Gefühl. Er sieht eine violette Blume die wunderschön aussieht und ihm ist, als ob er die Stimme seines Opas vernimmt „Mir geht es gut Anton. Ich bin bei dir." Anton wacht gänzlich auf und hat ein paar Tränen in den Augen. Diese purzeln ins warm gelegene Bett.

„Opa Werner?" flüstert Anton leise vor sich hin.

Ein neuer Tag ist angebrochen und Anton geht zur Schule. Hier begegnet er auch wieder seinem

Freund Jonas. Ihm erzählt er von seinem Gefühl, das ihn besuchte.

„Hast du die Himmelsleiter gesehen und den Engel über ihr?" fragt Jonas wissbegierig nach.

Anton schüttelt seinen Kopf. „Nein gesehen habe ich sie nicht. Ich habe sie mir aber so vorgestellt, wie du sie mir beschrieben hast. Doch dann bin ich wohl eingeschlafen. Und als ich aufwachte, hatte ich das Gefühl, das mein Opa da gewesen ist. Ich hörte ihn sagen, er wacht über meine Schritte und das es ihm gut geht."

Jonas freut sich, genau so wie Anton, dass sein Freund eine Nachricht erhalten hat.

Und als Jonas nach dem Unterricht nach Hause kommt, wo Oma Hella ihn schon erwartet, erzählt er als erstes von Antons Traum.

Oma Hella ist von den Socken. „Das gibt es doch nicht! Auch Anton hat etwas sehen dürfen. Das freut mich für ihn. Es wird ihn trösten."

„Meinst du Oma, jeder kann das sehen und immer?"

Oma Hella nimmt ihren Enkel in die Arme, drückt ihn an sich und sagt „Weißt du Jonas, die Liebe hilft beim Sehen. Wenn ein Mensch einen anderen so sehr liebt, dann hilft Gott und lässt ihn wohl sehen, so glaube ich jedenfalls, damit er Trost findet in seiner Traurigkeit und der Schmerz vergeht. Vielleicht, dass könnte ich mir auch vorstellen, helfen sich die liebenden Seelen untereinander. Ich glaube nicht, dass jeder und jeder immer alles sehen kann. Nur, wenn die Seele es braucht, so eine Art Hilfe. Und manchen Menschen macht das auch Angst. Die möchten gar nicht sehen. Das ist dann auch in Ordnung. Jeder Mensch ist anders Jonas."

„Dann liebe ich den Opa von Anton auch, weil ich ihn sehen durfte?" Oma Hella lächelt und sagt zu Jonas „Ja. Vielleicht. Vielleicht liebte aber auch Antons Opa die Menschen, vor allem die Kinder, und du durftest deshalb sehen. Möglich ist es auch, du liebst Anton, als Freund und wolltest ihm helfen in seiner Not. Und da durftest du sehen. Und vielleicht auch, weil dich alles so sehr beschäftigt hat. Das mit Herrn Kaiser und dann noch das mit Opa Werner."

Jonas glaubt zu verstehen. Er darf sehen, weil Gott es für gut hält. Er kann so seinem Freund damit helfen und Anton hat die Hilfe angenommen und kann wieder mehr Lachen.

„Na ist alles gut mein Junge?" Oma Hella geht mit ihrer Hand über Jonas Haar und schaut ihn liebevoll an. „Oma alles Bestens. Ich mach jetzt Hausaufgaben und dann kommt Anton vorbei."

„Mach das Junge. Mach das." mit den Worten geht Oma Hella in die Wohnstube und liest in einer Zeitschrift „Die Einrichtung Liebe, ist sie nicht wunderbar?"

Oma Hella lächelt vor sich hin und ihre Augen schauen, ohne wirklich etwas zu sehen, nur ihr Herz sieht die große Liebe, die in jedem Menschen leben kann. So fühlt sie „Die Liebe ist wunderbar. Ich danke Gott für meinen wunderbaren Enkel."

In diesem Moment läutet es an der Tür und Oma Hella geht, um zu schauen, wer da an der Tür ist. Es ist Anton. Sie bittet ihn herein und sagt „Er ist in seinem Zimmer." und mit einer Kopfbewegung zeigt Oma Hella auf die Treppen, die im Flur nach oben führen.

Jonas und Anton verbringen gemeinsam den Nachmittag und Anton ist dankbar für Jonas seine Himmelsleiter, durch sie hat er sein Lachen und so auch seine Freude wieder gefunden. Sein Opa Werner, wird er nie vergessen, viel zu lieb hatte er diesen und immer wieder erzählt er Jonas von den tollen Erlebnissen, die er mit seinem Opa bei all den gemeinsamen Ausflügen erleben durfte.

„Oma Hella sagt ja immer, die wir im Herzen tragen, sterben nie wirklich. So lange wir uns an sie erinnern und von ihnen erzählen, bleiben sie bei uns." Jonas sagt das so, als kommen diese Worte aus tiefstem Herzen und Anton lächelt.

„Ich glaube deine Oma hat recht. Wollen wir raus?" fragt Anton seinen Freund und Jonas nickt kräftig. „Ja wir wollen!" meint Jonas und beide Freunde lachen laut und machen sich auf ihren Weg, hinaus ins Freie.

„Viel Spaß ihr beiden!" ruft Oma Hella ihnen hinterher und fühlt sich glücklich.

Oma Hella verbringt den Nachmittag im Haus allein bis Jonas Mutti zurück kommt. Sie räumen die Einkäufe weg und dabei unterhalten sie sich. „Hat denn Jonas dich noch einmal auf das Thema, du weißt schon angesprochen?" fragt Jonas Mutti die dabei die Waren im Kühlschrank etwas hin und her schiebt. Oma Hella sitzt am Tisch und schaut ihr dabei zu und fährt sich mit der einen Hand über die andere, sieht nach unten auf den Küchenboden und antwortet „Ein wenig. Vielleicht sollten wir mit ihm mal zum Pfarrer gehen. Die vielen Fragen die er hat, er kann die ihm ja vielleicht noch ganz anders beantworten." Jonas Mutti schaut etwas skeptisch, dreht sich zu Oma Hella zu und fragt „In die Kirche?" Oma Hella schüttelt leicht ihren Kopf und meint „Warum nicht?" „Ich überlege es mir. Jonas soll selbst entscheiden, vielleicht ist das am Besten. Wenn er wirklich alles wissen möchte, wäre das wahrscheinlich eine gute Option. Werden wir dann in Kirche eintreten müssen?" fragt Jonas Mutti und Oma Hella lacht „Wegen ein paar Fragen, die ein siebenjähriger hat? Das glaube ich nicht. Gott ist in jedem von uns. Auch in einem Pfarrer, der wird sicher seine Antworten auch so geben. Und wenn nicht, sollte eine kleine Spende für ein paar Antworten doch reichen." Jonas Mutti hat alles Eingekaufte weg geräumt und überlegt kurz und sagt dann zu Oma Hella „Wenn Gott in jedem von uns ist, dann auch in dir. Dann muss er keinen Pfarrer mehr fragen. Sei denn er möchte es." Dabei schaut sie ihre Mutter an und beide lachen.

In diesem Moment geht die Tür auf und mit einem lauten „Ich bin zurück!" poltert Jonas die Treppen hinauf zu seinem Zimmer. Später hört er seine Mutti rufen „Jonas Abendbrot!" Mit schnellen Schritten kommt Jonas die Treppen wieder herunter, wäscht sich seine Hände im Badezimmer und setzt sich zu Mutti und Oma Hella an den Tisch. Friedlich ist es im Haus. Jonas erzählt von seinen Freunden und was sie alles so gemacht haben und weiß die Schule beginnt wieder. „Alles schon fertig gepackt?" fragt ihn Mutti. „Nö. Das mache ich morgen. Morgen ist ja erst mein letzter Ferientag. „Und nicht nur das." ergänzt Oma Hella. „Mein liebster Enkel hat Geburtstag." Jonas isst gerade und spricht „Wieso liebster Enkel ich bin doch der einzige Oma."

Oma Hella lacht schallend „Du bist und bleibst ein Piffikuss." Jonas lächelt und freut sich schon auf seinen Geburtstagstag, doch vor allem auf seine

Geschenke und noch mehr auf das Fest mit seinen Freunden.

Von Marion Jana Goeritz ebenfalls beim Verlag BoD er-
schienen (BoD Books on Demand, Norderstedt, nähere
Informationen finden Sie unter www.BoD.de)

„Liebe für die Seele Band 1“
ISBN 978-3-7357-4045-8

„Liebe für die Seele Band 2“
ISBN 978-3-7357-7734-8

„Seelenweiß“
ISBN 978-3-7347-5769-3

„Seelen essen Liebe gern“
ISBN 978-3-7347-8706-5

„SeelenEngel“ ein spiritueller Erfahrungsbericht
ISBN 978-3-7386-2588-2

„SeelenSchlüssel“
ISBH 978-3-7386-3844-8

„Seelenfarben“
ISBN 978-3-7386-3947-6

„Seelenschimmer“
ISBN 978-3-7386-4014-4

„Seelenfinden“
ISBN 978-3-7386-4037-3

„Ein Gefühl meiner Seele“
ISBN 978-3-7386-1506-7

„Seelenfrieden" Danken, Bitten, Entspannung ein persönlicher Erfahrungsbericht
ISBN: 978-3-7386-4884-3

„Seelenweihnacht"
ISBN: 978-3-7386-5616-9

„Im Land unter dem Regenbogen" Wunderbare Märchen und unglaubliche Geschichten
ISBN: 978-3-7392-0115-3

„Freddy und seine Geschichten"
ISBN: 978-3-7386-3321-4

„SeelenWorte"
ISBN: 978-3-7392-0455-0

„Herzanker"
ISBN: 978-3-7392-3482-3

„Im Fluss der Liebe"
ISBN: 978-3-7392-3489-2

„Seelenklänge"
ISBN: 978-3-7392-3532-5

„Liebeslied"
ISBN: 978-3-7392-3548-6

„Wahre Traumtänzerin"
ISBN: 978-3-7392-3556-1

„Emilia Sommerfeld"
ISBN: 978-3-7392-3787-9

„Für mich war es Liebe“
ISBN: 978-3-8423-5362-6

„Kaleidoskop“
ISBN: 978-3-8423-5738-9

„Die verzauberte Wiese“
ISBN: 978-3-7412-0772-3

„Seelenbrücke“
ISBN: 978-3-7412-0890-4

„Wetterleuchten“
ISBN: 978-3-7412-2740-0

„Zentrifuge“
ISBN: 978-3-7412-4011-9

„Für Dich“
ISBN: 978-3-7412-4018-8

„Hannos Geschichten“
ISBN: 978-3-7412-9373-3

„Das Eulenherz“
ISBN: 978-3-7431-0009-1

„Eine Reise irgendwo hin“
ISBH: 978-3-7421-0042-8

„Ist das wirklich wahr?“
ISBN: 978-3-7431-1549-1

„Stille Momente“
ISBN: 978-3-7431-1586-6

"Engelszwirn"
ISBN: 978-3-7431-1594-1

"Anders"
ISBN: 978-3-7448-3582-4

"Wenn es spricht"
ISBN: 978-3-7448-3583-1

Weitere Informationen zu Neuerscheinungen finden Sie
immer auf meiner Seite

www.buchkaleidoskop.Reikipraxis-Goeritz.de